Mi Little G

S

SOTOMAYOR

Escrito y traducido por Silvia López
Ilustrado por Nomar Perez

Los editores desean agradecer a Lisa Kathleen Graddy, conservadora de la División de Historia Política en el Museo Nacional de Historia Estadounidense, por su ayuda en la preparación de este libro.

🅶 A GOLDEN BOOK • NEW YORK

rhcbooks.com
Educadores y bibliotecarios, para obtener herramientas de enseñanza, visítennos en RHTeachersLibrarians.com
Library of Congress Control Number: 2021941293
ISBN 978-0-593-42877-1 (trade) — ISBN 978-0-593-42878-8 (ebook)
Impreso en los Estados Unidos de América
10 9 8 7 6 5 4 3 2 1

Cuando Sonia Sotomayor era pequeña, no soñaba con ser juez. En su barrio de viviendas públicas de la ciudad de Nueva York no vivían jueces ni abogados. ¿Como iba a soñar con algo que no conocía?

Sonia nació en la ciudad de Nueva York el 25 de junio de 1954. Sus padres, Celina y Juan, habían venido de Puerto Rico. No hablaban bien el inglés. No tenían mucho dinero. Pero siempre estaban rodeados familia.

A Sonia le encantaban las fiestas semanales de abuelita, especialmente su rica comida puertorriqueña.

¡Y qué divertido era jugar bingo y bailar salsa con los primos después de la comida!

El único que no iba a muchas fiestas era su papá.

Papi amaba a sus hijos. Y el béisbol. Él y Sonia eran fanáticos de los Yankees. También era buen cocinero. Sonia lo acompañaba al mercado todos los viernes. Pero a veces papi bebía demasiado. Le afectaba la salud y el comportamiento.

La mamá de Sonia trabajaba largas horas para que ella y su hermanito Junior asistieran a una escuela católica.

—Deben tener una buena educación —decía Mami. —Es la única manera de salir adelante en el mundo.

A los siete años, Sonia se desmayó en la escuela un día. Los médicos dijeron que tenía diabetes. Necesitaba inyecciones de un medicamento llamado insulina.

Sonia escuchó a sus padres mientras discutían acerca de quién la inyectaría. Se subió en una silla, dispuesta a hervir agua para limpiar la jeringuilla.

—¿Qué haces? —gritó su mamá.

—Voy a inyectarme yo misma —contestó Sonia.

Desde ese día, Sonia se encargó de su diabetes.

Poco antes de que Sonia cumpliera los nueve años, su papi murió.

Su mami, triste y silenciosa, se encerraba en su habitación después del trabajo. Sonia pasaba horas en la biblioteca leyendo acerca de una niña detective llamada Nancy Drew. Pero se sentía muy sola.

Una noche, Sonia golpeó en la puerta del cuarto de su mamá.

—¡Ya basta, mami! —gritó.

Cuando Sonia y Junior regresaron de la escuela al día siguiente, su mami estaba cocinando. Llevaba un lindo vestido y olía a perfume. Sonia supo entonces que las cosas mejorarían.

Con sus ahorros, Mami compró un juego de enciclopedias. Estos libros le abrieron el mundo a Sonia "en mil direcciones diferentes." Se enfocó en sus trabajos escolares. Comenzó a soñar en grande.

A Sonia le gustaban los rompecabezas. Podría ser detective o abogada, como en los programas de televisión. ¡Un juicio era como un rompecabezas! Decidió estudiar leyes, y se prometió a sí misma que algún día llegaría a ser juez.

Sonia se graduó entre los mejores estudiantes de su clase de bachillerato. Un amigo la animó a que solicitara ingreso a universidades Ivy League. Sonia se enteró de que eran escuelas excelentes . . . y caras.

Un programa del gobierno, llamado Acción Afirmativa, ayudaba a buenos estudiantes que venían de familias negras e hispanas pobres que no podían pagar por estudios universitarios. ¿Por qué darles ventaja a esos estudiantes?

¡Sonia sabía por qué!

Mientras su mami estudiaba para hacerse enfermera, Sonia trabajaba los fines de semana y los veranos para ayudar a pagar las cuentas.

Aun así, obtuvo excelentes calificaciones, participó en concursos de debate, y ganó muchos premios.

Sonia sólo necesitaba una oportunidad. Lo demás—si fracasaba o triunfaba—dependería de ella.

En su primer año en la universidad de
Princeton, Sonia cometió errores en un trabajo
escrito. ¡Un profesor le dijo que pensaba en
español! Sonia decidió mejorar su gramática
en inglés. Organizó sus horas de estudio, y el
esfuerzo le valió de mucho. Se graduó de la
universidad con los honores más altos.

Sonia obtuvo el título en leyes de la universidad de Yale en el año 1979. Trabajó como abogada por muchos años y luego, tal y como se lo había prometido, se hizo jueza. En uno de los casos, cuando resolvió una querella entre jugadores de béisbol y dueños de equipos, la llamaron "la jueza que salvó el béisbol".

"Tienes que aprender a SOÑAR EN GRANDE. La educación me abrió los ojos a las posibilidades de lo que podía llegar a ser."

En el 2009 hubo necesidad de elegir a
un nuevo juez para la Corte Suprema de los
Estados Unidos.

Una noche, sonó el teléfono de Sonia. ¡Era el
presidente Barack Obama! Le dijo que la escogía para
el tribunal más alto del país. Sonia contuvo el aliento.
—Gracias, señor Presidente —dijo simplemente.

El 8 de agosto de 2009, con su mamá y Junior mirando orgullosos, Sonia Sotomayor levantó la mano y juró administrar las leyes de la nación. Se convirtió en la tercera mujer—y la primera latina—en ser juez de la Corte Suprema de los Estados Unidos.

Sonia había soñado en grande. Y había convertido sus sueños en realidad.